মনে গায়গাম্

A collection of Santali Poems and Songs by: Late Gurudas Murmu.

MONE GAIGAM

A collection of Santali
Poems and Songs.
Writer: Late Gurudas Murmu
Editor: Dr Chiranjib Murmu.

****

উছৌন্ আর ছাপা হচয়রে-
ডাঃ চিরঞ্জীব মুর্মূ
Behala

Kolkata-61

Third Edition: April, 2023

প্রকাশক কর্তৃক সর্ব সত্ত্ব সংরক্ষিত।

পুঁথি দ বাংলা হরফ্ তে অল্ আকানা।

পুঁথি গ্রামঃ হাঁত্-
emaildrchiranjib@gmail.com

****

আরদাস্

জঁহার,

দিশমরেন গ-বাবা আর বয়হা মিশিকো,
বঙ্গাতালা আকান্ ৺গুরুদাস মুর্মূ আঃ অল্
অনল্ আর অনড়হেঁ খেরওয়াল জাতি সে হড়্
হপনাঃ সাহিত্য হারা রাকাপ্ রে তিনাঃ গড়য় এম্
দাড়েয়াঃ সে বাং অনা রেনাঃ আয়্ উমান্ দ
দিশম্ হড়ঠেন্ গে লাদেয়েনা। নানাহুনার আয়মা
আডি কটাং অল্ দায়াগেয় দহ গিডি হট
আকাদা। জিউয়ি জেওয়েৎ তাহেনরে নওয়া
'মনে গায়গম' পুঁথি আর 'খেরওয়াল জারপা'
পত্রিকায় ছাপা সদর্ লেদা। আয়মা কটাং পুঁথি
ক নিত্ হ ছাপা তাঙ্গিরে মেনাঃ আকাদা।
তবেখান্ দিশম্ হড়াঃ সহৎ দ আডি কদর্ কাতে
কয়্ আকানা। ঞেল-সাঁওহা কাতে পাড়হাও
সজহে লাগিৎ আরোজ্ লে দহ কেদা। জঁহার-
ডাঃ চিরঞ্জীব মুর্মূ
MBBS(Cal)
MD (Radiodiagnosis)
Assistant Professor
Diamond Harbour Govt. Medical
College & Hospital.

****

গাবেতেৎ

ৼগুরুদাস মুর্মূ আঃ নওয়া অল্-অনল্ কদ কংসাবতী ড্যাম্ তল্ সময্ আবোরেন্ বেহির্লা হড়হপন্ ক্ ইদিকাতে অললেনা।

সানাম্ আদিবাসী কওয়াঃ হক্ দাবী আদায়রে নিতইঁ সমানগে জিয়ঁড়্ তাঁহেনা জানিচ্ নওয়া অল্ কদ।

ঔন্ ঔরিইঁ ঝত গে দিনাম্ গে ঢিলৌও রেয়াঃ কাথাদ বায্ মেন্ এদা। কংসাবতী হুল্ জখেচ্ রেয়াঃ কাথাগেয্ মেন্ আকাদা।

****

দিসঅদিশরে

শ্রীমতী জানকী মুর্মূ

ডাঃ রীতা মুর্মূ

অবন্তিকা মুর্মূ

ডাঃ সন্তোষ সরেন

ডাঃ গৌরাঙ্গ মান্ডী

ডাঃ স্বপন সরেন

ডাঃ আনন্দরঞ্জন বেসরা

ডাঃ সুরজিৎ বাস্কে

ডাঃ প্রেম হাঁসদা

ডাঃ বিশ্বনাথ সরেন (ESI)

ডাঃ ফুরগীল হেম্বম

****

****

হক্ দাবী

অনলিয়ৗ- ৺গুরুদাস মুর্মূ

(নওয়া দ 'স্বাধীনতা' 'বসুমতী' 'আনন্দ
বাজার' যুগান্তর' পত্রিকারে ছাপা সদর্ লেনা
কংসাবতী হুল অক্তরে। নিত্হঁ জাঁহান্ হুল্
রেগে জুলুস্ উদুঃ অক্তরে আডি মজ্ তাঁড় এ
রাকাবা।)

লাগড়ে রাহা

বয়হা বুহিন্ লগন্ লগন্
জুলুম্ সাতে দেলাবন্,
বয়হা বুহিন্ লগন্ লগন্
জুলুম্ সাতে দেলাবন্,
আবোআঃ হক্ দাবী দেবন্ আদাঁয়া।
আবোআঃ হক্ দাবী দেবন্ আদাঁয়া।

জেল্ খানা বন্ পেরেজা
অঁন্ অঁরি বন্ চিলৌও আ,
জেল্ খানা বন্ পেরেজা
অঁন্ অঁরি বন্ চিলৌও আ,
আবোআঃ হক্ দাবী দেবন্ আদাঁয়া।
আবোআঃ হক্ দাবী দেবন্ আদাঁয়া।

পুলিশ্ বাবন্ বাতাও কওয়া
ঔন্ ঔরি বন্ ঢিলৌও আ,
আবোআঃ হক্ দাবী দেবন্ আদীয়া।
আবোআঃ হক্ দাবী দেবন্ আদীয়া।

সেঙ্গেল্ তেক টুটি বন্
এনইঁ বাবন্ পীচঃ আ,
সেঙ্গেল্ তেক টুটি বন্
এনইঁ বাবন্ পীচঃ আ,
আবোআঃ হক্ দাবী দেবন্ আদীয়া।
আবোআঃ হক্ দাবী দেবন্ আদীয়া।

মায়াং চাহে আতুঃ গে
দাবী দ বন্ চাচাগ্ গে,
মায়াং চাহে আতুঃ গে
দাবী দ বন্ চাচাগ্ গে,
আবোআঃ হক্ দাবী দেবন্ আদীয়া।
আবোআঃ হক্ দাবী দেবন্ আদীয়া।

ঔন্ ঔরি বন্ পীশির্ আ
দিশম্ রেবন্ জিগিরা,
ঔন্ ঔরি বন্ পীশির্ আ
দিশম্ রেবন্ জিগিরা,

আবোআঃ হক্ দাবী দেবন্ আদীয়া।
আবোআঃ হক্ দাবী দেবন্ আদীয়া।

আদ্ বাবন্ তাঁহেনা
রেডেৎ রডচ্ তালারে
একিনা বন্ দিশম্ হড় দেসে ভালারে।
সমাজ্ ফেরাও জোড়ো
দেবন্ হীর্ আ
দুনিয়াঁ দ বদলাবন্ দেসে উসৌরা।

খেরওয়াল্ সমাজ্ তালারে
হয় ভান্ডো আঝাট্ রে
উপেল্ লেন্ ক বিরীদ্ বীর্ দিশম্ রফায় গে।
উপেল্ লেন্ ক বিরীদ্ বীর্ দিশম্ রফায় গে।
বীর্ ক মাক জিগিরলেৎ
বাইরৌ মাক চাঁড়ুচ্ কেৎ
খেরওয়াল্ করেন্ ভুরকৌ ইপিল্ তিলকৌ
বাবাগে।

বির্ বুরু আতো দিশম্ বাগিকাতে
আড়গয়েন্ বন্ কয়লাকুঠি নামাল্ কামিতে।
কয়লাকুঠি নামাল্ কামি ছাঁতিক্ জৌতি তালারে,
নাসাও এনা সমাজ্ ধরম্ রেস্গেচ্ জালারে।

নাল্হায়াবন্ লাচ্ জালা
কৌমি খাঁতির্ আডি জালা
দিকু দ ক হেনস্ তা বন্ চেদাঃ সৌরি ভালা।
দেশ বয়হা দেলা হো
অরা পৌরি দেসে হো
দুনিয়ঁরে উদুগাবন্ খেরওয়াল্ তৌপিস্ দেলা।

সান্তাড় সমাজ্ তালারে
এপের্ হেড়েচ্ জানাম্ এন্
আখর্ জালারে।
এপের্ হেড়েচ্ জানাম্ এন্
আখর্ জালারে।
দিশম্ বাবা মৌজহি মাপাজ্
আল সেপে রেপেচ্ আপাজ্
যুগুৎপে সমাজ্ রফা
পৌরসি তরাওরে।
যুগুৎপে সমাজ্ রফা
পৌরসি তরাওরে।

দিশীই পে মা মৌজহি মাপাজ্
বেনাও আবন্ খেরওয়াল্ সমাজ্
তিমিন্ দিন্ মা সাজঃ আবন্
হড়াঃ ভড়ক্ তে।
তিমিন্ দিন্ মা সাজঃ আবন্
হড়াঃ ভড়ক্ তে।

ঔডি গুণীন্ সীধু রামচাঁদ
তিহিঞ বাড়েয় তাঁহেন্ খান্,
ঔডি গুণীন্ সীধু রামচাঁদ
তিহিঞ বাড়েয় তাঁহেন্ খান্,
বেনাও গটা কেয়ায় মাসে 'অল্ আখর'ধন্।
বেনাও গটা কেয়ায় মাসে 'অল্ আখর'ধন্।

খেরওয়াল্ ধরম্ চডর্ হান্ডি
সেদায় সেরওয়া মিৎ ফুড়ুঃ হীন্ডি,
নাহাঃ যুগ্ মানওয়া আডি
হীঁন্ডি পাউরৗ চহল্ বহল্
পাতা পরব্ টান্ডি।
নাহাঃ যুগ্ মানওয়া আডি
হীঁন্ডি পাউরৗ চহল্ বহল্
পাতা পরব্ টান্ডি।

****

মনে বাড়িচ্
৺গুরুদাস মুর্মু

কিয়ঁা লাটা দানাং রে
অকয় হালেম্ গল্ আদিঞ্
উলৗসাতে মনে উদৗসার্।
আম্ কানাম্ কুহু কোয়েল্
ওহায় জারেম্ অঁাধা কিদিঞ্
খঁালিসাতে মনে উদৗসার্।

দারে পেরেচ্ বাহা
বির্ চেঁড়েক আহা
বাহা রাসা রেপেচ্ চেপেচ্
তিনৗঃ লিঠুর্ বাহা
নানা হনার্ সড়ং আক অঁাডি সিবিল্ সাড়াং।

হারা পেরেচ্ হড়ম
বাহা লেকান্ মনে
গাতিঞ্ তুলুচ্ সেরেঞ্ দুরৗং
তিনৗঃ সিবিলা
গাতিঞ্ বঁানুই অকয় অঁাজম্ তিঞ্ৗ সড়ম্
আড়াং।

বেড়াসেৎ মির্মিলুং কয়ঃকাতে
সাড় এনাম্ লিকিৎ লিকিৎ মিৎ টুসৌ বাহা।
বৌনিজ্ কাতেঞ গুতুমেয়া গালাং মেয়াঞ মালা,
জায়যুগ্ গেম্ হরঃ তাঁহেন্ ইঞৌ মনে তালা।

হারায়েনাম্ ছেম্ ছেকেচ্
হড়ম মনে কেদেচ্ কেদেচ্
সিবোড় কেদাম্ আম্ গে জবা
ইঞৌঃ মনে তেৎ।
আলম্ আবাড় হানা নওয়া
আলম্ বিড়ুঁচ্ গতে
জায়যুগ্ গেম্ তপল্ তাঁহেন্
ইঞৌঃ দুলৌড়তে।

দহ মিয়ৌঞ ঔড়ি দুলৌড় ঔসুল্ মিরু লেকাগে,
সাজাও মিয়ৌঞ নানা হুনৌর্ বঙ্গা বারাক্ গে।
চাল্ ঔমৌঞ ইঞৌঃ দুলৌড় ইঞৌঃ সহাগ্ ঝত গে,
চাঁন্দো লেকাম্ জুলুঃ দুলৌড় ইঞৌ ধরম্ তে।

খারসালা মনে আতে চাঁন্দো দেলাং নেহরায়,
চাঁন্দো বেগর্ তপল্ জিউয়ী অকয় তপাগা?
সেতাঃ ঔয়ুব্ জাহের্ এরা দেসে দেলাং জঁহার্
আয়,
আলাং রেয়াঃ সানাম্ আকট্ ঝতয় রফায়া।

লিলিবিছি সৌরি ধরম্ ডাহার্ দেবন্ চিয়ঁায়া,
ফেরকৌটি দুলৌড়্ রেদ বাবন্ ঝৌলিঃ আ।
রিলৌমালা সমাজ্ তাবন্ বাবন্ সিঁড়িজা,
আপাবারে লটা দাঃ দ বাবন্ দুড়ুজা।

জুয়ঁন্ মনে খৌলি সাদ্ বাবন্ আলাক্ ডিডিয়া,
বাপলা বেগর্ দুলৌড়্ এমঃ বাবন্ রেবেনা।
কুওয়ঁরী মনে জিওয়ঁ বাবন্ আলায় গিডিয়া,
লালচিয়ঁ লিল্ কৌর্ দ বাবন্ আতেনা।

****

চিরগাঁল্

অনলিয়াঁ - গুরুদাস মুর্মূ

(নওয়া দ 'সমজ্ বানী' পত্রিকারে ছাপা সদর্ লেনা

খেরওয়াল্ বিরাঁদাঁলি
দেসে জপর্ জলী
হিজুঃ পে দোমেল্ দোমেল্ জুলুম্ আতে দেলা।

চাপাল্ আবন্ সুখ্ দ
রপাম্ আবন্ দুখ্ দ
হিজুঃ পে দোমেল্ দোমেল্ জুলুম্ আতে দেলা।

জিউয়াঁ রেয়াঃ জালা
কটা আবন্ দেলা
হিজুঃ পে লেট্ হা কাঁড়া লেল্হা কংকা কালা।

সেরেঞ্ রাহা রেলা
জোমেল্ আবন্ দেলা
দুনয়াঁরে সৌরি জৌতি লেখাঃ আবন্ দেলা।

মহল্ রেয়াঃ সৗরি
জৗত্ পৗরসি আরি,
জিয়ৗও দহয় লৗগিৎ দেসে ছুটীঃ আবন্ দেলা।

বয়হা বুহিন্ সানাম্
দেলা আতম্ তায়ম্
হিজুঃ পে দোমেল্ দোমেল্ জুলুম্ আতে দেলা।

রেঙ্গেচ্ কিষৗড় সমান্
মিৎ গেচ বন্ দাম্ আন্
হেঁসা হিঁসি বৗগি কাতে মিদঃ আবন্ দেলা।
মিৎ সাঁওতে বয়হা ক চিরগৗল্ পে সে ভালা
হিজুঃ পে দোমেল্ দোমেল্ জুলুম্ আতে দেলা।

বয়হা বুহিন্ লাহা তায়ম্ ঝত উরলৗ তিরলৗ
সিদু কানহু জয় মেন্ আবন্ মারাং বুরু হিল্লা।

****

দং সেরেঞ্

৺গুরুদাস মুর্মু

ধীরতি চেতান্ রে মানমি হপন্ জানাম,
চাঁন্দোয় এমঃ কানা সিরজন্ সানাম।
বাবন্ সলঃ লটম্ সান্তাড়্ সমাজ্ তাবন্
রিলীমালা সমাজ্ ফেরাও আবন্।

তিরিজুরি মনে জিওয়াঁ নৌড়ি
তপলঃ আ অনা অকা ঘাঁড়ি।
তিরিজুরি দুলৌঁড়্ মিলন্ রাচারে
হিঁড়িঞ্ গদঃ আক আপা বারে।

আম্ দম্ সাজঃ বাঁবু অলম্ ঝলম্
অলম্ ঝলম্ সৌরি চাঁন্দো লেকা।
হরতে হিজুঃ সেনঃ হরেম্ মার্শাল্
তাড়াম্ পিছৌ মনে তারাল্ বাসাল্।

কুহু কুহু কুইলি সড়ং মেসে
ইঞ্চৌঃ মনে জিওয়াঁ আঁদোড় মেসে।
উইহৌর্ এদাঞ্চ চেঁড়ে আপাবারে অড়াঃ
সড়ং মেসে চেঁড়েঞ্চ হিড়িঞ্চ থড়া।

কিয়া উঁডি ঘাটরে পান্ সাকাম্ তারাকাটা
লুবুই লুমৌং সূৎ ঝাঁলি সিলি লেকান্ চাঁওরীচ্।
ওহায়,
অকয়্ না কুড়ি নাপে বাঁগিয়াদা।

কাদাম্ বুটারে ভুডাঁসি উমুলরে
পিতল্ তল্ তিরয়ো লুবূই লুমৌং দাড়হি
অকয়্ য়া কড়ায়াপে বাঁগিয়াদা।

কিয়া উঁডি দাঃ লো কুড়ি ক লিকিৎ লিকিৎ
আঙ্গা আয়ুব্ আনকো বিলিৎ বিলিৎ।
কান্ডা হিহিড়্ হিহিড়্ ঞহড়্ সেরেঞ্চ তুলুচ্
তি রে সাকম্ সাডে সেকেচ্ সেকেচ্।

পেরেচ্ কান্ডা দিপিল্ কাতে তিরয়ো আতেন্
আতেন্,
সূৎ দ চাপো চাপোম্ তিঁগু হাপেঃ।
বাং দম্ দুড়ুচ্ গিডি বাং দম্ দড়ম্ গিডি,
চিঁকৗম্ তপাগ্ মাসে দুলৗড় নৗড়ি।

ঝাঁরি গাডা দাঃ লো লিকিৎ লিকিৎ
লুমৗং শাড়ি হয়তে লিফির্ লিফির্
তাড়াম্ এদাম্ মৗইনা তিনৗঃ লৗপির্ ঝাঁড়ির্
বান্দুক্ কুন্দা সূৎ মৗইনা চাপো কাতেৎ।

হিঁসিৎ ধিরীমালা হরঃ কাতে
ইঞ তেগে ইঞ হিড়িঞ কাতে।
হেঁদে রিমিল্ লেকা হেসাঃ সাকাম্ লেকা
উমিল্ ঝাঁমিল্ হয় তেঞ অটাং বাড়ায়।

চেতান্ রিমিল্ খনাঃ দাঃ দ জরঃ লেকা
উইহৗর্ বেড়া মেৎ দাঃ টড়ঃ টড়ঃ।
আলাক্ জাড়ি লেকা জিওয়ৗ তপলেন্
ঞেপেল্ বেগর্ নওয়া জিওয়ৗ ল এন্।

চেতান্ দিশমে রিমিল্ কেদা
কাঁসীই কুওয়াঁরি দ জয়েন্ এনা।
বির্ বুরু রেয়াঃ সানাম্ গশ বাহা
বুরু কুচেল্ রেদ সকজঃ কান্।

চেহেল্ চেপেল্ জলা পেরেচ্ এনা
জানাম্ ভিটা ইঁ বাং সারেচ্ লেনা।
বোহেলেনা অঁডে গাতে দুলৌড়্ ঝত
মেনাঞ দুঃখীলি মনে মত।

হারা তরা মনে নুনৌঃ জালা
ভুরসি সেঙ্গেল্ জুলুঃ মনে তালা।
অকয়্ বাডায়্ অকয়্ উচুং তুকুচ্ লেকা
দুলৌড় ঐঞাম্ মনেয়্ ঠেলাও ভালা।

অকয়্ বাডায়্ অহঞ সাহাও কেয়া জানিচ্
জুওয়াঁন্ মনে সিকিড়্ সুঁস্সা আনিচ্।
বাচয়্ আঞম্ তিঞৌ ইঞৌ মানা বাধা
বাচয়্ বতরাঃ আ তহৎ ছাঁন্দা।

উইহীর্ মেসে মনে পাঞ্চা দুলৌড়্
জড়াও কাতাম্ গেদয় দুলৌড়্ তনল্।
চাঁদো জড়াও তনল্ ঔডি অনল্ গনল্
আলম্ কাঁহিস্ জিওয়ৌ আলসেম্ লয়্।

আলম্ পাঁজায় মনে পাঞ্চা দুলৌড়্
পাঞ্চা দুলৌড়্ দ ঔডি গুমৌড়্।
বাচং তাঁহেন্ অনা দুলৌড়্ রিলৌমালা
অহম্ সাহাও কেয়া আলাঝালা।

****

সহরায় সেরেঞ্
৺গুরুদাস মুর্মু

সুচ্ দাঃ রে সূৎ ইঞ্চ এঞলা
ডাঁডি দাঃ রে রুপীঞ্চ এঞলা,
সুচ্ দাঃ রে সূৎ ইঞ্চ এঞলা
ডাঁডি দাঃ রে রুপীঞ্চ এঞলা,
লিলিবিছি উমের্ দৌইনা লাকেরঃ কান্।
ডাঁডি দাঃ রে রুপীঞ্চ এঞলা,
লিলিবিছি উমের্ দৌইনা লাকেরঃ কান্।

মঁজ্ লেকান্ কাঁড়ের্ হড়ম
সাফা তেলাং দহয়্ দৗইনা,
মঁজ্ লেকান্ কাঁড়ের্ হড়ম
সাফা তেলাং দহয়্ দৗইনা,
লাকেরঃ কান্ কাঁড়ের্ হড়ম দেলাং যতনা।
সাফা তেলাং দহয়্ দৗইনা,
লাকেরঃ কান্ কাঁড়ের্ হড়ম দেলাং যতনা।

সূচ্ দাঃ দ বৗটি তেলাং লুয়া দৗইনা
ডৗডি দাঃ দ কাঁন্ডা তেলাং ভুরৗঃ ঔগুয়া।
বৗটি তেলাং লুয়া দৗইনা
ডৗডি দাঃ দ কাঁন্ডা তেলাং ভুরৗঃ ঔগুয়া।

আপা বারে লটা দাঃ দ বালাং দুঁড়ুচ্ কোঁন্ডেলা
তহৎ হাড়াঃ রেয়াড়্ কাঁন্ডা বালাং কৗংখারা।
বালাং দুঁড়ুচ্ কোঁন্ডেলা
তহৎ হাড়াঃ রেয়াড়্ কাঁন্ডা বালাং কৗংখারা।

জানাম্ আয়ো জানাম্ রড়্
ঔডি লিঠুর্ চেহর্ বেহর্,
জানাম্ আয়ো জানাম্ রড়্
ঔডি লিঠুর্ চেহর্ বেহর্,
দেলা না দৌইনা
জানাম্ রড়্ লাং সহাগ্ চুমৌড়ায়।
ঔডি লিঠুর্ চেহর্ বেহর্,
দেলা না দৌইনা
জানাম্ রড়্ লাং সহাগ্ চুমৌড়ায়।

সান্তাড়্ পৗরসি অনলিয়ৗ
সান্তাড়্ পৗরসি অনহড়িঁয়ৗ,
সান্তাড়্ পৗরসি অনলিয়ৗ
সান্তাড়্ পৗরসি অনহড়িঁয়ৗ,
দেলা না দৌইনা
সারহাও সৗবৗস্ সিরপৗলাং চাল্ আয়ানা।
সান্তাড়্ পৗরসি অনহড়িঁয়ৗ
দেলা না দৌইনা
সারহাও সৗবৗস্ সিরপৗলাং চাল্ আয়ানা।

ছাতা পরব্ এঁদে পরব্
উদুগ্ আলাং লাকের্ গরব্,
মারাঃ চেঁড়ে লেকা দৗইলাং ফেরকাও বাড়ায়া।
উদুগ্ আলাং লাকের্ গরব্,
মারাং চেঁড়ে লেকা দৗইলাং ফেরকাও বাড়ায়া।

রিলৗমালা সান্ত্যাড়্ সমাজ্
বালাং বডে বালাং সিড়িজ্,
রিলৗমালা সমাজ্ দৗইলাং ফারচা দহয়া।
বালাং বডে বালাং সিড়িজ্,
রিলৗমালা সমাজ্ দৗইলাং ফারচা দহয়া।

সুক্ রেদ সুলুক্ রেদ ঝতগেক সোরঃ আ
সুক্ রেদ সুলুক্ রেদ ঝতগেক সোরঃ আ,
দুক্ বিপদ্ মুহিম্ রেদ্ হড়ক ঞিরঃ আ।
ঝতগেক সোরঃ আ,
দুক্ বিপদ্ মুহিম্ রেদ্ হড়ক ঞিরঃ আ।

বাহা মহক্‌ রাসা চেপেচ্‌ লুতি তেরম্‌ ভান্‌ ভান্‌
বাহা মহক্‌ রাসা চেপেচ্‌ লুতি তেরম্‌ ভান্‌ ভান্‌
বাহা গশ ঞুরঃ রেদ, র গে ঢান্‌ ঢান্‌।
লুতি তেরম্‌ ভান্‌ ভান্‌
বাহা গশ ঞুরঃ রেদ, র গে ঢান্‌ ঢান্‌।

ইঞৌঃ মনে উজৗড়ু কাতে
আমাঃ মনেঞ পেরেজা,
ইঞৌঃ মনে উজৗড়ু কাতে
আমাঃ মনেঞ পেরেজা,
আমাঃ মনে দ গাতেঞ আনেচ্‌ ধানেজা।
আমাঃ মনেঞ পেরেজা,
আমাঃ মনে দ গাতেঞ আনেচ্‌ ধানেজা।

ইঞৌঃ মনে জিওয়ৌ দ হো গাতেঞ
হো মৗইরি হো মৗইরি
ইঞৌঃ জিওয়ৗম্‌ দহয়্‌ সৗরি সাড়া সৗতিঞ,
মৗইরি হো মৗইরি
জেওয়েৎ জনম্‌ রৗসকৗ লাং চেপেচ্‌ হাটিঞা।

নামাল্ কৌমিম্ সেনঃ কানা
মৌইরি হো মৌইরি
ইঞ্ঞোঃ মনে জিওয়ৗ তাঁহেন্ আম্ চেতান্ রে।
নামাল্ কৌমি হাকাল্ কাঁদাল্ ছৗতিক্ জাতি
তালারে,
মৌইরি হো মৌইরি
সমাজ্ ধরম্ দিশী কাতে দিশম্ দাঁড়ানমে।

আঞ্ঞার্ রেদম্ সাবেঞ্ কানা
রেয়াড়্ কাঁডাম্ কাংখার্ তিঞ্,
আঞ্ঞার্ রেদম্ সাবেঞ্ কানা
রেয়াড়্ কাঁডাম্ কাংখার্ তিঞ্,
ইঞ্ রেয়াঃ লটা দাঃ দ আলম্ দুড়ুজ্ তিঞ্।
রেয়াড়্ কাঁডাম্ কাংখার্ তিঞ্,
ইঞ্ রেয়াঃ লটা দাঃ দ আলম্ দুড়ুজ্ তিঞ্।

রেয়াড়্ কাঁডাঞ্ কাংখার্ তামা,
লটা দাঃ দ কুঁডেল্ রেইঁঞ্ দড়ম্ তামা
মৌইরি হো মৌইরি,
আম্ রেয়াঃ আঁঙ্গিভার্ দ ইঞ্ঞিঞ্ হাতাওআন্।

গাডা আড়েঞ্ রাকাপ্ কানা
রেয়াড় কঁাডা কাংখারেনা,
গাডা আড়েঞ্ রাকাপ্ কানা
রেয়াড় কঁাডা কাংখারেনা,
মৗইরি হো মৗইরি,
ইঞ্ রেয়াঃ লটা দাঃ এম্ দুঁড়ুচ্ কেদারে।
রেয়াড় কঁাডা কাংখারেনা
ইঞ্ রেয়াঃ লটা দাঃ এম্ দুঁড়ুচ্ কেদারে।

মেনায্ মেনায্ জগমাঝি পারাণিক্
রেয়াড় কঁাডা লটা দাঃ এ দড়মা,
মেনায্ মেনায্ জগমাঝি পারাণিক্
রেয়াড় কঁাডা লটা দাঃ এ দড়মা,
মৗইরি হো মৗইরি
আলাং রেয়াঃ কুলহি দুড়ুপ্ মঁাঝি বাবায্ সৗকুৎ
সাড়েরা।
লটা দাঃ এ দড়মা,
আলাং রেয়াঃ কুলহি দুড়ুপ্ মঁাঝি বাবায্ সৗকুৎ
সাড়েরা।

হপন্ হপন্ কুস্ষী অড়াঃ
জুলি জুলি দুয়াঁরতিঞ,
হপন্ হপন্ কুস্ষী অড়াঃ
জুলি জুলি দুয়াঁরতিঞ,
তালা ঞ্রিদৗ সিলপিঞ তিঞ দ ধাড়ার্ ধাড়ারেন্।
জুলি জুলি দুয়াঁরতিঞ,
তালা ঞ্রিদৗ সিলপিঞ তিঞ দ ধাড়ার্
ধাড়ারেন্।

এ বাবা জগ্ মান্ঝি
এ বাবা পারাণিক্
এ বাবা জগ্ মান্ঝি
এ বাবা পারাণিক্,
ইঞ রেয়াঃ সিলপিঞ দ অঁাটাও কৗতিঞ বেন্।
এ বাবা পারাণিক্,
ইঞ রেয়াঃ সিলপিঞ দ অঁাটাও কৗতিঞ বেন্।

কৌসৌই কুঁওয়াঁরী তল্ তেগে
চেহেল্ চেপেল্ জলা দ রে বেনাও এন্,
কৌসৌই কুঁওয়াঁরী তল্ তেগে
চেহেল্ চেপেল্ জলা দ রে বেনাও এন্,
জানাম্ আতো হাসা ধুড়ি লে বুড়ৌও এন্।
চেহেল্ চেপেল্ জলা দ রে বেনাও এন্,
জানাম্ আতো হাসা ধুড়ি লে বুড়ৌও এন্।

রৌশি বৌসি আতো হড়্ বন্
ছিঞ ছৌতুর্ উতৌরেন্,
রৌশি বৌসি আতো হড়্ বন্
ছিঞ ছৌতুর্ উতৌরেন্,
তপল্ মনে গাতে দুলৌড় মায়া ছাডাও এন্।
ছিঞ ছৌতুর্ উতৌরেন্,
তপল্ মনে গাতে দুলৌড় মায়া ছাডাও এন্।

****

অকয় এমা জবান্

নাহাঃ সেরেঞ্
৺গুরুদাস মুর্মু

ইঞ্ দঞ্ কয়ঃ বাড়ায় জানাম্ দিশমতালা
খেরওয়াল্ জাতি সমাজ্ রিলীমালা।
খেরওয়াল্ জাতি সমাজ্ রিলীমালা।
ফুরগীল্ দিশম্ তালা
নিতইঁ চেদাঃ ভালা
রাগেৎ তিঞ্ ক বয়হা জমাঃ জালা।
রাগেৎ তিঞ্ ক বয়হা জমাঃ জালা।
চেদাঃ মাসে আদ মনে বদহাঃ নিতঃ
অকয়্ এমা জবান্ নওয়া ঝত।
অকয়্ এমা জবান্ নওয়া ঝত।

তিরীঃ বারাঃ হানকো আওয়াঃ টাপা
ফুরগীল্ দিশম্ রেঁহ হাপাঃ হাপাঃ।
বা ক ঞামেৎ চেদাঃ জমাঃ মিমিৎতপাঃ
হেমেড় মেয়ঃ ঝত এগ্গা আপা।
চেদাঃ মাসে আদ মনে বদহাঃ নিতঃ
অকয়্ এমা জবান্ নওয়া ঝত।
অকয়্ এমা জবান্ নওয়া ঝত।

ঔদ বুনিয়াঁদ্ নুকু ভারত্ দিশম্ তালা
তিনৌঃ বিরৌদ্ জৌতি সমাজতালা।
তিনৌঃ বিরৌদ্ জৌতি সমাজতালা।
এনইঁ চেদাঃ ভালা ফুরগৗল্ দিশমতালা,
রাগেৎ কান্ ক তিহিঞ রেসেচ্ জালা।
রাগেৎ কান্ ক তিহিঞ রেসেচ্ জালা।
চেদাঃ মাসে আদ মনে বদহাঃ নিতঃ
অকয় এমা জবান্ নওয়া ঝত।
অকয় এমা জবান্ নওয়া ঝত।

অড়াঃ রেইঁ বাঁনুঃ রেৎ চুপুৎ ধন্
চুলহৗ চেতান্ টুকুচ্ ঘাঁড়িই রধন্।
চুলহৗ চেতান্ টুকুচ্ ঘাঁড়িই রধন্।
অকয় গুন্ হৗ কেৎ
অকয় লৗয়াঁঞ ভেদ্
চেদাঃ আবো আঃ নুনৌঃ হারকেৎ।
চেদাঃ আবো আঃ নুনৌঃ হারকেৎ।
ফুরগৗল্ দিশম্ তালা
নিতইঁ চেদাঃ ভালা
রাগেৎ তিঞ ক বয়হা জমাঃ জালা।
রাগেৎ তিঞ ক বয়হা জমাঃ জালা।

কুঁবৗ কুঁড়য়ৗ মাথ ঝত লৗন্দুড়় ধাণ্ডুড়়
গেঁদের্ টেপের্ লুগড়িচ্ ভরম্ ভাঁন্দুড়়।
এম্সাৎ তওয়া আঁঞ্জেৎ খুনুঃ খুনুঃ গিদৗর্
তওয়া বেগর্ গিদৗর্ তেহের্ বাবের্।
চেদাঃ মাসে আদ মনে বদহাঃ নিতঃ
অকয়্ এমা জবান্ নওয়া ঝত।
অকয়্ এমা জবান্ নওয়া ঝত।

দাঁদ্ হেরেনা ঝত্ হারখেত্ আখাম্ দুখৗম্
এনইঁ চেদাঃ ঞ্চুতুম্ ফুরগৗল্ দিশম্।
বৗনুঃ জমাঃ ঞ্চুয়াঃ বানুঃ রান্ রেহেৎ
হেলা তেগে রুগী রহড়় আঁজেৎ।
চেদাঃ মাসে আদ মনে বদহাঃ নাতঃ
অকয়্ এমা জবান্ নওয়া ঝত।
অকয়্ এমা জবান্ নওয়া ঝত।

****

জাহের্ এরা

নওয়া দ 'হড় সম্বাদ' রে ছাপা সদর্ লেনা।
(অনড়হেঁ)
৺গুরুদাস মুর্মু

সারজম্ বুটীরেমা জাহের্ এরা
কয়গ্ মেসে দৗই টেরা টেরা।
তি রে জনঃমুঠী বহঃরে দৗউড়ী
সনে গড় শিকড়ী রূপী মাউড়ী।
হটঃ রে তায় দৗই হাঁসলী
ডান্ডারেদ দৗই ঝাবারৗলী।
মলং রেদ তায় ঊনকৗ
লুতুর্ রেমা ঝুমকৗ।
সোপো পেরেচ্ মৗনকী
জাঙ্গা রেমা দৗই ঝমর্ বৗঙ্কী।
বেঙ্গেদ্ বেঙ্গেদ্ মে দৗই টেরা টেরা
ঝমর্ ঝমর্ দৗই জাহের্ এরা।

****

ঝারনা
(অনড়হেঁ)
৺গুরুদাস মুর্মু

বুরু কোচল্ রে অকয় মৗকুম্ সেরেঞ কানা?
এহায়, আম্ কানাম্ দৗই ঝারনা।
তিস্ খনেম্ হিজুঃ কানা? মাসে লৗইয়ৗঞ মে।
অকাম্ সেনঃ দৗই না? থড়া জিরৗওয়ান্ মে।
আমাঃ ঝারি দাঃ লে লোয়া রৗসকৗ সালাঃ এন্তে।
বাং চ দৗই এম্ মানালে আলপে লোয় মেনতে।
আঁপী ঠাঁই দ বৗনুঃ তামা বাড়ায় গিয়ৗঞ দৗইনা,
আচ্ বিচ্ হঁ বৗনুঃ তামা সানাম্ কওয়াঃ মনেম্
দহয়ানা।
লল সেতোং আম্ সোরতে হড়্ ক পারম্ চালাঃ,
গৗউচ্ আতেম্ হহ আক্ দাঃ এুই পে দেলা।
রেস্সেচ্ কিষাঁড়্ আম্ ঠেন্ দ মিৎ গেতা ক মৗন্
রৗস্কৗতেক্ আতাং দারাম্ আম্ এমাঃ দান্।
জিয়ৗলী ক তিনৗঃ হানকো লগন্ লগন্,

আমাঃ ঝীরি দাঃ ঞ কোচেল্ তেক আঁড়গোন্।
তেতাং হড়াঃ জিউয়ীম্ রাড়েজ্ এনা ঝার্না আই,
কুশিয়ামাঞ আমদ আডি কুশিয়ামৗঞ দৗই।

****

ভর্ তিকিন্
(অনড়হেঁ)
৺গুরুদাস মুর্মু

ইঞ মত গে দুড়ুপ্ আকান্ থুম্ থুম্,
নৗই আড়ে লাডে বাড়ে বুটীরে।
দৗখিনা হিঁসিৎ হয়তে, সাকাম্ ক লাড়াঃ মজ্ তে,
ঠিয়োঙ্কা কয়ঃ আকাদৗঞ অনা বেড়হায়তে।
দায়াগে টিরোম্ এ রাঃ এৎ, দাঃ ধারেরে কঃ ক
ঔতিঞৎ,
আর্ অকা দানাং রেচং তুক্ তুকে রাঃ এৎ।
গৗই ক বুরুম্ আকান্ উমুল্ রে, উঁহুক্ উকুচ্
ডুবুচ্ দাঃ তালারে,

আর কেঁহেঁ খানে চাস্‌সে্ক আকান্‌ রহড়্‌ ডৗর্‌ রে।
সৗঙ্গিঞ বৗদ্‌ হরতে বার্‌ হড়্‌, পাতা সেরেঞাতে
ঞহড়্‌ ঞহড়্‌,
পরব্‌ এল্‌ সেনঃ কিন্‌, বৗনুঃ তাকিন্‌ জহড়্‌।
হৗড়কি বাহু দাঃ লো কাতে, পারমেনায়্‌ টেরা
বেস্সে্ৎ কাতে,
লাজাও এনায়্‌ ইঞ এলতে আচকাগে।
ভর্‌ তিকিন্‌ বেড়া নিচোল্‌ চুমুল্‌ নিকৗ খাড়া,
দুড়ুপ্‌ আকানৗঞ নৗই আড়ে রে একলা গে।
মনে তিঞ অটাং এন্‌ হয়্‌ তেগে, হান্তে নাতে
কয়গৗঞ মোটেগে,
হিনৗ নিয়ৗ উইহৗর্‌ বুরুঞ বেনাও ইঞ মতো গে।
হড়মো বুল্‌ নিষৗড়েনা, দুদড়ুম্‌ সানৗঞ কানা,
আহা! তিনৗঃ সুকতে অনা কুকমু বুঁসৗড়েনা।
উইহৗর এদাঞ হিনৗ নিয়ৗ তেহেঞ, বেনাও
এদৗঞ নাওয়া নাওয়া সেরেঞ,
ইঞ মত গে হায়্‌ রে ! বৗনুই তিঞৗ গাতেঞ ।
এুরঃ কানা দারে সাকাম্‌, উইহৗর এদৗঞ
জিওয়ৗ সানাম্‌,
নংকাগে ধারতিরে এুরঃ আ আতম্‌ তায়ম্‌।

****

বিছক্ জিউয়া

নাহাঃ সেরেঞ
˚গুরুদাস মুর্মু

সাঁঘার্ কিদৌঞ দেশ্ দিশম্
দাঁড়া কিদৌঞ দিশম্ সমাজ্,
চাখা কিদৌঞ কাসা হেড়েম্ নওয়া জিওয়ারে।
ছুট্টীও আনৌঞ মনের্ মতন্ গাতে ঞাঞাম্,
মনে মনে ইঞীঃ আপাজ্,
ঞাপাম্ এনাঞ টাঁওহেঁ রেগে মন্ দ বেগারেন্।
মনে জিওয়া ঘানেঞ ত্রিপিৎএদা,
হুঁড়ু হুঁড়ুং অক্তঞ জৌপিদা,
চেঁহ্কাও কাতেঞ বেরেৎ গদঃ বিছক্ জিওয়া
তিঞরে।
গীইলো সৌইলো মনে জিওয়াঞ গটায়া,
এনইঁ ঘানে ঘানেঞ দিশীয়া,
চেঁহ্কাও কাতেঞ বেরেৎ আদ বিছক্ জিওয়া
রে।

****

দং সেরেঞ্
৺গুরুদাস মুর্মু

চেতান্ রিমিল্ খনাঃ দাঃ দ জরঃ লেকা,
উইহাঁর্ বেড়া মেৎ দাঃ টড়ঃ টড়ঃ।
উইহাঁর্ বেড়া মেৎ দাঃ টড়ঃ টড়ঃ।
আলাক্ জাঁড়ি লেকা জিওয়াঁ তপলেন,
ঞ্রেপেল্ বেগর্ মনে একাল্ খালিয়েন্।
ঞ্রেপেল্ বেগর্ মনে একাল্ খালিয়েন্।

বাহা বাড়গে রে দারে বুটাঁ রে,
আম্ দ মাঁহির্ মনেম্ জাপাঃ বাড়ায়।
আম্ দ মাঁহির্ মনেম্ জাপাঃ বাড়ায়।
আম্ দ মাঁহির্ মন্ মিৎ বেড়া তারা বেড়া,
আম্ দ মাঁহির্ মনেঞ্ চিকৌ মেয়া।
আম্ দ মাঁহির্ মনেঞ্ চিকৌ মেয়া।

****

ভগনাডিহি

সহরায় সেরেঞ্
৺গুরুদাস মুর্মু

হানতে বুরু দোলদোলী
নতে নৗই দ গুমৗই নৗই,
হানতে বুরু দোলদোলী
নতে নৗই দ গুমৗই নৗই,
অনা মা তালা রেগে ভগনা ডিহি দ।
নতে নৗই দ গুমৗই নৗই,
অনা মা তালা রেগে ভগনা ডিহি দ।

হুল্ টামাক্ দুল্ দুল্
বীর বিরৗদ্ রুমুল্ রুমুল্,
হুল্ টামাক্ দুল্ দুল্
বীর বিরৗদ্ রুমুল্ রুমুল্,
হুল্ রেগে গাতেঞ্ মায়াং অঁডে ঔতুয়েন্।
বীর বিরৗদ্ রুমুল্ রুমুল্,
হুল্ রেগে গাতেঞ্ মায়াং অঁডে ঔতুয়েন্।

ভগনাডিহি আতো সেনঃ
আল রেপে মানাঞা,
ভগনাডিহি আতো সেনঃ
আল রেপে মানাঞা,
গাতেঞ্ মায়াং ঔতু হাসা লেবেৎ সানাঞা।
আল রেপে মানাঞা,
গাতেঞ্ মায়াং ঔতু হাসা লেবেৎ সানাঞা।

ভগনাডিহিঞ লেবেৎ রেদ
মনে জিওয়ৗ হিঁজির্ হিঁজির্,
ভগনাডিহিঞ লেবেৎ রেদ
মনে জিওয়ৗ হিঁজির্ হিঁজির্,
মেৎ দাঃ তিঞ্ মেৎ দাঃ তিঞ্ মা হিঁডির্ হিঁডিরঃ।
মনে জিওয়ৗ হিঁজির্ হিঁজির্,
মেৎ দাঃ তিঞ্ মেৎ দাঃ তিঞ্ মা হিঁডির্ হিঁডিরঃ।

ইংরৗজ্ আঃ রেডেৎ রডচ্
কিষৗড়্ কওয়াঃ সিপোৎ পটচ্,
ইংরৗজ্ আঃ রেডেৎ রডচ্
কিষৗড়্ কওয়াঃ সিপোৎ পটচ্,
হুল্ সেঙ্গেল্ দ বাছা সালগাও লাগাও এন্।
কিষৗড়্ কওয়াঃ সিপোৎ পটচ্,
হুল্ সেঙ্গেল্ দ বাছা সালগাও লাগাও এন্।

দুক্ দাঁন্ধি লাগায়্ লাগিৎ
বেপারী ক হেলেচ্ লাগিৎ,
দুক্ দাঁন্ধি লাগায়্ লাগিৎ
বেপারী ক হেলেচ্ লাগিৎ,
আঃসার্ কৗপিয়াতে বীর্ ক গির্ গিরৗও এন্।
বেপারী ক হেলেচ্ লাগিৎ,
আঃসার্ কৗপিয়াতে বীর্ ক গির্ গিরৗও এন্।

হান্তে দ কাহালগাঁও রাজমহল বারহারোওয়া
নতে মা জামতাড়া সিহুঁড়ী সাঁইথিয়া,
অনা মা তালারে রাজদিশম্ তিঙ্গুলেন্
বেপারী মহাজন্ ক বিডরৗও ঞ্রিেন্,
সিপাহী এড়ে সুড়ুচ্ ক ছুড়ৗরেন্
সান্তাড়ী রাজ্ দিশম্ তিঙ্গুয়েনা রে।

বীর্ বিরৗদ্ লেক্ লেকা
ঞ্রপেৎ এন্ ক তিরিৎ লেকা,
ঞ্রলকাতে ইংরাজাঃ রাজ্ পাটা থার্ থারাও
এন্।
ঞ্রপেৎ এন্ ক তিরিৎ লেকা,
ঞ্রলকাতে ইংরাজাঃ রাজ্ পাটা থার্ থারাও
এন্।

ইংরাজাঃ কামান্ গুলি
বীর্ বিরৗদ্ কওয়াঃ কোল্ কোলি
ভারত্ মুলুক্ পিরথিমী তাল্ তালাও এন্।
বীর্ বিরৗদ্ কওয়াঃ কোল্ কোলি
ভারত্ মুলুক্ পিরথিমী তাল্ তালাও এন্।

****

সহরায় সেরেঞ্

৺গুরুদাস মুর্ম্

আম্ দ হো অনলিয়ৗ
আম্ দ হো অনহঁড়িয়ৗ,
আম্ দ হো অনলিয়ৗ
আম্ দ হো অনহঁড়িয়ৗ,
জানাম্ রড় অঅল্ রেগেম্ মুহিন্ আকানা।
আম্ দ হো অনহঁড়িয়ৗ,
জানাম্ রড় অঅল্ রেগেম্ মুহিন্ আকানা।

জানাম্ রড়্ সান্তাড়্ পৗরসি
সমাজ্ আরসী আকিল্ আরসী,
জানাম্ রড়্ সান্তাড়্ পৗরসি
সমাজ্ আরসী আকিল্ আরসী,
সিঙ্গি ক্রিদৗ অনল্ রেগেম্ আলায়াকানা।
সমাজ্ আরসী আকিল্ আরসী,
সিঙ্গি ক্রিদৗ অনল্ রেগেম্ আলায়াকানা।

এ হো দুলৌড়্ অনলিয়ৗ
এ হো দুলৌড়্ অনহঁড়িয়ৗ,
এ হো দুলৌড়্ অনলিয়ৗ
এ হো দুলৌড়্ অনহঁড়িয়ৗ,
সমাজ্ তালা সোহাগ্ দুলৌড়্ দে হো বাডায় মে।
এ হো দুলৌড়্ অনহঁড়িয়ৗ,
সমাজ্ তালা সোহাগ্ দুলৌড়্ দে হো বাডায় মে।

নে হো মানত্ অনলিয়ৗ
নে হো মানত্ অনহঁড়িয়ৗ,
নে হো মানত্ অনলিয়ৗ
নে হো মানত্ অনহঁড়িয়ৗ,
দিশম্ জাকাত্ মানত্ জঁহার্ নে হো আতাং মে।
নে হো মানত্ অনহঁড়িয়ৗ,
দিশম্ জাকাত্ মানত্ জঁহার্ নে হো আতাং মে।

তৗপুঃ আকান্ নৌটি ফুটি
সমাজ্ রেয়াঃ রেঠা রিঠি,
তৗপুঃ আকান্ নৌটি ফুটি
সমাজ্ রেয়াঃ রেঠা রিঠি,
সনত্ সাফা লৌগিৎ গেচম্ অঅল্ কানারে।

সমাজ্ রেয়াঃ রেঠা রিঠি,
সনত্ সাফা লৌগিৎ গেচম্ অঅল্ কানারে।

জুওয়ীন্ মনে সাতোঃ সাঁওয়ার্
রেঙ্গেচ্ নাচার্ রাঁন্ডি টুওয়ার্,
জুওয়ীন্ মনে সাতোঃ সাঁওয়ার্
রেঙ্গেচ্ নাচার্ রাঁন্ডি টুওয়ার্,
সমাজ্ তালা মনে জিওয়ীম্ কেচেল্ কোডোরা।
রেঙ্গেচ্ নাচার্ রাঁন্ডি টুওয়ার্,
সমাজ্ তালা মনে জিওয়ীম্ কেচেল্ কোডোরা।

দিশম্ সাঁঘার্ লাগিৎ আম্ দ
জুওয়ীন্ কওয়াঃ মায়াং গেচম্ ললয়্ দ,
দিশম্ সাঁঘার্ লাগিৎ আম্ দ
জুওয়ীন্ কওয়াঃ মায়াং গেচম্ ললয়্ দ,
অল্ তৌসিল্ তারাস্ তেগে মনেম্ জুমিদ্ দ।
জুওয়ীন্ কওয়াঃ মায়াং গেচম্ ললয়্ দ,
অল্ তৌসিল্ তারাস্ তেগে মনেম্ জুমিদ্ দ।

আমাং অল্ তারাস্ বাজাঃ
সমাজ্ তালা ঔডি কাজাঃ,
আমাং অল্ তারাস্ বাজাঃ
সমাজ্ তালা ঔডি কাজাঃ,
অল্ অনল্ তারাস্ তেগে সমাজ্ সুসৌরঃ।
সমাজ্ তালা ঔডি কাজাঃ,
অল্ অনল্ তারাস্ তেগে সমাজ্ সুসৌরঃ।

আদিবাসী আতু পাড়া
সান্তাড়্ ক ঠেন্ সবদ্ সাড়া,
আদিবাসী আতু পাড়া
সান্তাড়্ ক ঠেন্ সবদ্ সাড়া,
আমাঃ অনল্ সেঙ্গেল্ তেগে সমাজ্ মার্শালঃ।
সান্তাড়্ ক ঠেন্ সবদ্ সাড়া,
আমাঃ অনল্ সেঙ্গেল্ তেগে সমাজ্ মার্শালঃ।

নে হো বয়হা মানত্ মালা
জাঁহার্ বয়হা সমাজ্ তালা,
নে হো বয়হা মানত্ মালা
জাঁহার্ বয়হা সমাজ্ তালা,
আমাং অনল্ সড়ম্ রাসা আডি সিবিল্ গে।
জাঁহার্ বয়হা সমাজ্ তালা,
আমাং অনল্ সড়ম্ রাসা আডি সিবিল্ গে।

কৌসৗই নৗই দ চেহেল্ চেপেল্
ঢঙ্গা রেলাং দেচ্ আকান্,
কৌসৗই নৗই দ চেহেল্ চেপেল্
ঢঙ্গা রেলাং দেচ্ আকান্,
চেদাঃ না চেদাঃ না মেৎ দাঃ ম্ জররয়া।
ঢঙ্গা রেলাং দেচ্ আকান্,
চেদাঃ না চেদাঃ না মেৎ দাঃ ম্ জররয়া।

আম্ দ কিষাঁড়্ হপন্ এরা
ইঞ দঞ রেঙ্গেচ্ নাচারা,
আম্ দ কিষাঁড়্ হপন্ এরা
ইঞ দঞ রেঙ্গেচ্ নাচারা,
নাচার্ দশা দিশী তেগে মেৎ দাঃ ম্ জররয়া।
ইঞ দঞ রেঙ্গেচ্ নাচারা,
নাচার্ দশা দিশী তেগে মেৎ দাঃ ম্ জররয়া।

কৗসৗই নৗই জলা তালা
চেৎ দ দৗইনা চাপেঃ আকান্,
কৗসৗই নৗই জলা তালা
চেৎ দ দৗইনা চাপেঃ আকান্,
জলডুবি হড়্ কওয়াঃ দুক্ চাপেঃ কান্।
চেৎ দ দৗইনা চাপেঃ আকান্,
জলডুবি হড়্ কওয়াঃ দুক্ চাপেঃ কান্।

****

দং সেরেঞ্

৺গুরুদাস মুর্মু

কৌসীই গাডা দাঃ লো হেরমেৎ দিপিল্ কান্ডা
হর্ দ হোপো বাহাম্ এসেৎ কেৎ দো,
র্ দ হোপো বাহাম্ এসেৎ কেৎ দো।
মেন্ সে হোপো বাহা হর্ দ আড়াগ্ মে
আড়াঃ সাকাম্ লেকৌঞ্ পালোয়েন্ দ।
আড়াঃ সাকাম্ লেকৌঞ্ পালোয়েন্ দ।

শাশাং শাড়ি বাঁদে কাতে
গাতে কুড়ি সঙ্গে কাতে,
আঙ্গার্ ঞুরুয়েনা তালা নৌইরে।
আঙ্গার্ ঞুরুয়েনা তালা নৌইরে।
কৌসীই পারম্ সাকাম্ হেচ্
অড়াঃ রুওয়ৗড়্ জখেচ্,
শাঙ্খা ঞুরুয়েনা দ বাটি রে।
শাঙ্খা ঞুরুয়েনা দ বাটি রে।

লাতার্ দিশম্ খনাঃ
বানা সাগাড়্ মটর্ গাডি
হেঁক্ হেঁক্ দারায় কান্ দ।
বানা সাগাড়্ মটর্ গাডি
হেঁক্ হেঁক্ দারায় কান্ দ।
হাপে তিগুঁন্ মেসে বানা সাগাড়্ মটর্ গাডি
ইঞ দঞ চালাঃ আ ঝাড়খন্ড দিশম্।
ইঞ দঞ চালাঃ আ ঝাড়খন্ড দিশম্।

আলে বাবু দ তিরয়োই অরং আ
কৌশি টান্ডিরে রিয়ল্ রয়ল্,
কৌশি টান্ডিরে রিয়ল্ রয়ল্।
তিরয়ো আঁঞ্জম্ তে তিরয়ো আতেন তে
কঃ ক আতিঞ জং আ বিয়ল্ বয়ল্।
কঃ ক আতিঞ জং আ বিয়ল্ বয়ল্।

আলে বাবু দ তিরয়োই অরং আ
সাতে দাঃ জরঃ লেকা টড়ঃ টড়ঃ।
সাতে দাঃ জরঃ লেকা টড়ঃ টড়ঃ।
আলে বিটি দয়্ এনেচ্ সেরেঞা
জারগে জৌপুৎ দাঃ লেকা হালায়্ হালায়্।
জারগে জৌপুৎ দাঃ লেকা হালায়্ হালায়্।

বাংদ্ বুরু লধাম্
বাংদ্ ঝারনা ডাডি
তিরয়ো বানামতেই আঁদোড়্ কাঃ আ।
তিরয়ো বানামতেই আঁদোড়্ কাঃ আ।
চেঁড়ে চিপড়ুৎ সানাম্
তেলায় তিরয়ো বানাম্
বুরু ঝারনা দ ক চহড়্ কাঃ আ।
বুরু ঝারনা দ ক চহড়্ কাঃ আ।

হারা লাতার্ লাতার্ তে
তিরয়ো আতেন্ আতেন্ তে
এনেচ্ কানকো মারাঃ লেওএর্ কদর্।
এনেচ্ কানকো মারাঃ লেওএর্ কদর্।

চাঁদোই এমাঃ বনা জনম্ এখা
খদের্ খদে দহয় লেখা জখা।
ধীরতি চেতান্ রে আমাঃ কামি অনা
হানাপুরী রেক ঞেঞেলানা।
হানাপুরী রেক ঞেঞেলানা।

****

কাসাই কুঁওয়ারী

নাহাঃ সেরেঞ্
৺গুরুদাস মুর্মু

খাতড়া ধাড়্ তালা,   দাঃ দ রিলৌমালা
সনা দাঃ তে কাসাই কুঁওয়ারী দুল্ মিদঃ কানা।
খাতড়া ধাড়্ তালা, দাঃ দ রিলৌমালা
সনা দাঃ তে পেরেচ্ গাডা, কাসাই কুঁওয়ারী
কানা।

হারা কুড়ি মুলুচ্ লান্দায়্ লেকা, খেঞ্চের্ আতে
এনেচ্ জং লেকা,
সনা দাঃ তে লিঙ্গি আঁড়গোন্, কাসাই কুঁওয়ারী
কানা।

হান্তে ধানাড়া, নতে দ খাতড়া
অনা তালা কাসাই কুঁওয়ারী একাল্ ডান্ধারম্
এন্।

হাঁস্ হাঁসিল্ চেঁড়ে জিউরী দ, মানওয়া
জিউরীয়েন্ লেকা,
সনা দাঃ তে লিঙ্গিঃ কাসাই কুঁওয়ারী, জলা দ
বেনাও এন্।

খাতড়া ধাড়্ তালা, দাঃ দ রিলৌমালা
সনা দাঃ তে কাসাই কুঁওয়ারী দুল্ মিদঃ কানা।
খাতড়া ধাড়্ তালা, দাঃ দ রিলৌমালা
সনা দাঃ তে পেরেচ্ গাডা, কাসাই কুঁওয়ারী
কানা।

হারা তরা হেঁদে কুড়ি লেকা, উলৌট্ পালাট্
বেঙ্গেৎ বাড়ায়্ লেকা,
হেলেক্ হেলেক্ রৌস্কৌ কামসাঃ, কৌসাই জলা
তালা।
খাতড়া ধাড়্ তালা, দাঃ দ রিলৌমালা
হেলেক্ হেলেক্ রৌস্কৌ কামসাঃ, কৌসাই জলা
তালা।
হারা কুড়ি হরঃ তানাঃ হিরৌ মালা লেকা
মুলুচ্ মুলুচ্ লান্দায় বাড়া লেকা,
সনা দাঃ তে লিঙ্গি পেরেচ্, কাসাই জলা কানা।

খাতড়া ধাড়্ তালা, দাঃ দ রিলৌমালা
সনা দাঃ তে কাসাই কুঁওয়ারী, জলা দ বেনাও
এনা।

****

দারে রহয়্ মে
অনড়েঁ
✵গুরুদাস মুর্মু

নানা হুনৗর্ দারে
রহয়্ মে থারে থারে,
বাড়গে বাং খান্ অড়াঃ কুডৗম্ ধারে।

খেত্ আড়ে রে
বাড়গে সিয়ৗঁড়্ করে,
জারগে জৗপুৎ দিন্ রে
দারে রহয়্ মেসে থারে থারে।

নানা হুনৗর্ দারে
রহয়্ মে থারে থারে,
দারে রহয়্ দ রে টাকাম্ তপায়্।

রহয়্ মে জ বেলে দারে
আড়াঃ সাকাম্ বাহা দারে
দিনৗম্ গে কাউডৗ রুওয়ৗড়্ হারে ফারে।

দারে রহয় মে হারে ফারে গেনতে গেতেচ্
জ বাহা দারে ধন্ এ আর্জাও আনেচ্ ধানেচ্।
খিল্ ডাহি দারে রহয় পেরেচ্
ঔখির্ ঘাঁরজ্ হারাঃ কেদেচ্ কেদেচ্।

বির্ বুরু দারে উজৌড়েনা
রান্ রেহেৎ ঝত্ মারুড়েনা,
জীব্ জিয়ৌলী ক নিপুঁজ্ উতৌরেনা
হাহাংখার্ দিন্ গেচং সেটেরেনা।

দারে নৌড়ি সাকাম্ ঔচুরায় দাঃ রিমিল্
দারে বেগর্ রিমিল্ ঊমিল্ ঝামিল্।
রিমিল্ রে দাঃ বানুঃ জৌড়ি রে গরমিল্
বছর্ বছর্ আকাল্ সেরমা সৌমিল্।

রগ্ বিঘিন্ তুলুচ্ তোপোৎ তাপাম্
দারে নৌড়ি সাকাম্ হয় এ রপাম্।
দারে নৌড়ি সাকাম্ জিউয়ীই রেয়াড় উরগুম্
হয় রপাম্ বেগর্ জেলেঞ্ জিউয়ী নিঝুম্।

লল হয় রুট্ তে
বাবন্ তাঁহেন্ নিফুট্ তে,
পরমায় আঁধি ইদিঃ আডি আট্ তে।

আদ নানা হুনৌর্ দারে
রহয় আবন্ থারে থারে,
বাড়গে বাং খান্ অড়াঃ কুডাঁম্ ধারে।

চেঁড়ে চিকুর্ বিলি ঘরাঃ চাঁড়তে
নিপুঁজ্ ইদিঃ আক বাঁড়তে
বসমতারে জিউয়ী জজাঃ আদ অকা তাঁড়তে।

খেত্ আড়ে রে
বাড়গে সিয়াঁড়্ করে,
জারগে জৌপুৎ দিন্ রে
দারে রহয় মেসে থারে থারে।

****

দে সন্তরঃ মে

বুডহি দং
ᱹগুরুদাস মুর্মু

সান্তাড় চোগোড় তাড়াম্ দে তাড়াম্ মে
সান্তাড় টামাক্ দ জাঁহের্ রে গুড় গুডীও মে।
সান্তাড় মান্তারেম্ হিড়িঞেৎ,
সান্তাড় হর্ মার্ দে সন্তরঃ মে,
সান্তাড় মান্তার্ একাল্ আলম্ হিড়িঞ।

সান্তাড় চোগোড় তাড়াম্ দে তাড়াম্ মে
সান্তাড় সাকওয়া দ জাঁহের্ রে অরং আচুর্ মে।
সান্তাড় মান্তারেম্ হিড়িঞেৎ,
সান্তাড় হর্ মার্ দে সন্তরঃ মে,
সান্তাড় মান্তার্ একাল্ আলম্ হিড়িঞ।

সান্তাড় সাঁধুরাম্ আঃ উদুঃ হর্ আলম্ আদা
সান্তাড় সমাজ্ ধরম্ জৌত্ পৗরসি দেবন্ চেদা।
সান্তাড় মান্তারেম্ হিড়িঞেৎ,
সান্তাড় হর্ মার্ দে সন্তরঃ মে,
সান্তাড় মান্তার্ একাল্ আলম্ হিড়িঞ।

****

জিউয়ী

নাহা/পাতা/দং রাহা
৺গুরুদাস মুর্ম্‌

ধন্‌ চালাঃ, ধন্‌ দ রুওয়াঁড়া
জিউয়ী চালাঃ চেদাঃ বাং রুওয়াঁড়া।
চাঁন্দো বঙ্গা জিউয়ি দম্‌ সিরজীও লেতাড়া
এনইঁ জিউয়ী দ চেদাঃ এম্‌ সিবোড়া।

ধন্‌ চালাঃ, ধন্‌ দ রুওয়াঁড়া
জিউয়ী চালাঃ চেদাঃ বাং রুওয়াঁড়া।
চাঁন্দো বঙ্গা জিউয়ি দম্‌ সিরজীও লেতাড়া
এনইঁ জিউয়ী দ চেদাঃ এম্‌ সিবোড়া।

চাঁন্দো বঙ্গা ধীরতিরেম্‌ এমাদিঞ জানাম্‌
আঙ্গা ঔয়ুপ্‌ দিনৗমিঞ ডবঃ আম্‌।
আমাঃ দিল্‌ দাড়ে ঝতগেম্‌ এমাদিঞ
ধীরতিরে তিরে যুগে জিয়াঁও দহঞাম্‌।

****

পাতা সেরেঞ

ᨥগুরুদাস মুর্মু

আদিবাসী তরাও ঔকুৎ
দেলাবন্ ফেরাও আ সাধুরামচাঁদ জুগুৎ।
অহবন্ তরাও কঃআ জুগুৎ বেগর্
জুগুৎ বেগর্ বাঁনুঃ আ জৌতিরে ডগর্।

লৌই অঃ আবন্ ঝত্ খেরওয়াল্
সারজম্ বাখোল্।
জানাম্ লেন্ বন্ বাং দ হিহিড়ি
বাং দ পিপিড়ি নাগার্।

আদিবাসী তরাও ঔকুৎ
দেলাবন্ ফেরাও আ সাধুরামচাঁদ জুগুৎ।
অহবন্ তরাও কঃআ জুগুৎ বেগর্
জুগুৎ বেগর্ বাঁনুঃ আ জৌতিরে ডগর্।

লৌই অঃ আবন্ ঝত্ খেরওয়াল্
সারজম্ বাখোল্।
জানাম্ লেন্ বন্ বাং দ হিহিড়ি
বাং দ পিপিড়ি নাগার্।

****

মুচাৎ রে

সানাম্ সেরেঞ আর্ অনড়হেঁ কদ ৺গুরুদাস মুর্মূ আঃ কলম্ তেগে ঝারনা লেকা লিঙ্গি লেনা। নিয়ৗ পুঁথি রেয়াঃ পৈল্ আর্ দসার্ হাটিঞ দ আডি লাহা রে ছাপা সদর্ লেনা।

যদি পুঁথি পাড়হাও তেন্ ক নওয়া পুঁথি রেনাঃ গাবেতেৎ হেড়েম্ কওয়া, এন্ডেখান্ গে মানতান্ মুর্মূ দ সরগ্ পুরীরে রৌস্কীই আটকার্ আ জানিচ্।

জঁহার।

****